GehDicht

Anna`len Ribeau

Impressum:

Anna len Ribeau

„GehDicht", 2016

Manuskriptdruck

© by Anna Riebau 2016/ Alle Rechte vorbehalten

zu beziehen über saeerin@web.de

www.geh-dicht.info

Herstellung und Verlag:

BoD - Books on Demand, Norderstedt

ISBN 978-3-8423-2528-9

Das Vorwort als Wortort

So mach es mit
dem Wort
aus!
Denn es ist
mein
Vormund.

Ich möchte der Sprache einen Raum geben und sie für sich sprechen lassen, indem ich mit ihr unbefangen spiele wie ein Kind. Sie hat uns viel zu sagen. Es ist ein ernstes Spiel. Denn es steht viel auf dem Spiel. Wir sind gefordert und werden aufgefordert, wenn wir ihr zuhören. Was ist nämlich das Gedicht? Nichts anderes doch als das GehDicht, höre ich. Also eine Aufforderung: *„Geh dicht! Geh dich an, es geht dich an!"* Ich nähere mich dem Wort und nähre mich von ihm. Mit diesem Büchlein möchte ich zu einem künstlerisch-spielerischen Blick auf die Welt ermuntern. Die Sprachspiele sollen ansteckend sein. Ich verstehe sie als Ankher. Samen, die sich

3

verankhern. Auf dem Mutterboden, als „Mut her!"-Boden: Im Neuland, dem Land der Dichter, auf dem wir fußfassen können. Es ist dies der Ort des Wortes. Und der ist Hier: Wo die HieroGlyphe entschlüsselt wird, indem sie sprechend wird. Es spricht für sich und wir dürfen uns auf die spannende Unternehmung des Lesens und Auflesens der Zeichen am Wegesrand machen. Mit dem künstlerischen Blick auf die Erscheinungen, Begegnungen und Krisen wird das Sehen ein aktives Säen. Oder was hörst Du im WOrt? Im Ankher höre ich das Ankh, ein altägyptisches Wort für die Lebenskraft, erklingen. Jetzt möchte ich dazu einladen sich mit auf den Spielplatz mit dem unschätzbaren Gut, dem WOrtschatz der Sprache zu begeben. Ich habe dafür kurze, prägnante Wortspiele als GehDichte ausgewählt.

Mit dichten Grüßen

Anna´len Ribeau   17.04.2016, Syke

Gedicht

Geh dicht
geh dich
an
es geht
dich
an
nahe
heran
an den Ort
des WO
des WOrtes
Den Urgrund

geh dicht!
denn es ist
nah dir
Nadir,
der Punkt Deiner Sole,
mit dem Du
auf dem Grund gehst,
mit dem Du
den Dingen
auf den Grund
gehst;
im Leben
stehst

Du und Ich

Du und ich
wir sind uns nicht
einig
Einich

Ich und ich
wir sind uns
einig
einich

Nicht?
Unsicher!
Uns ich er.
Uns Ich Er

Zweifel

zwei Felder
Schwefel und Rosenduft

aus der Gruft
und
aus der Luft

Ein Gemoder
ein Geruch

gemeinsam

Geh mein Same!
geh auf
und werde

einsam
ein Same

Forme den blühenden Strom

be the bee
be the being
from the blooming flower
-form the blooming flow-
you will make it,
honey!

Das Leben mit Dir

Das Leben mit Dir
ist ein einziges Hin und Her:

Komm Her!
Sonst bin ich hin.

Ich.
Ich möchte.
Ich möchte dich!
Ich möchte dicht.
Ich möchte dichter.
Ich möchte Dichter.
Ich möchte dichter heran.
Ich möchte dichter heran wachsen.
Ich möchte Dichter heran wachsen sehen.
Ich möchte Dich heranwachsen sehen!
Ich möchte Dich dichter heranwachsen sehen.
Ich möchte Dich als Dichter heranwachsen sehen.

Zwielicht

Die Ratten verlassen das sinkende Schiff.
Die die raten, verlassen das Sinkende schief?
Die die verraten, veranlassen das Sinken des Schiffs.
Die die hatten, verfassen das Singen im Schilf!
Die Satten veranlassen das Singen im Schiff.
….verlasen die singende Schrift

Ich habe meine blaue Wunde erlebt

blaublütig
blau blüt ich
blau blüht das Ich
königlich
König
Ich

so habe ich mein blaues Wunder erlebt

Iris die Blühende

Schleier der
Isis
is es
so
ist es
was wir sehen
wir säen

Versager

Der Versager ist ein großer Künstler!
Denn wer kann den Vers sagen?

Zu viel oder Zufall?!

Der Zufall
ist das was uns zufällt
als gereifte Frucht unserer Taten
vom Baum
direkt in den Schoß

der Spagat des Pagats

Gaukel dir selbst etwas vor

und Du bist König
und Narr zugleich

WO

WOhnen
Ohne
Grenze
Ohnmacht
Ohne Macht
der WOrtort
als Wohnort des WOrtes:
grenzenlos
Also macht
All so Macht
die Grenzen los

Ich erhebe das Wort
Ich hebe das Wort auf
und trage es
auf dem
Amen

Ich stehe
wieder auf
zwei Beinen

Ich stehe
wie der
auf zwei Beinen

Immer wieder
auf zwei Beinen

Immer wie der
auf zwei Beinen

Ich fülle das Wort,
das Wort erfüllt mich.
Ich fühle das Wort,
das Wort erfühlt mich.

Sprache möchte bewegt sein
möchte bewegen
Sprache möchte belebt sein
möchte beleben
möchte frei sein
möchte befreien
nicht gelehrt sein
sondern sich leeren
um befüllt zu sein
und erfüllend.
Ohne End.
Fang an!

<u>so gesehen</u>

Ich bin vollkommen am Ende.
Am Ende bin ich vollkommen.

Ich bin am Ende angekommen.
Am Ende bin ich angekommen!